TRANZLATY
Sprache ist für alle da

زبان سب کے لیے ہے۔

Die Schöne und das Biest

خوبصورتی اور جانور

Gabrielle-Suzanne Barbot de Villeneuve

Deutsch / اردو

Copyright © 2025 Tranzlaty
All rights reserved
Published by Tranzlaty
ISBN: 978-1-80572-034-8
Original text by Gabrielle-Suzanne Barbot de Villeneuve
La Belle et la Bête
First published in French in 1740
Taken from The Blue Fairy Book (Andrew Lang)
Illustration by Walter Crane
www.tranzlaty.com

Es war einmal ein reicher Kaufmann
ایک زمانے میں ایک امیر سوداگر تھا۔

dieser reiche Kaufmann hatte sechs Kinder
اس امیر تاجر کے چھ بچے تھے۔

Er hatte drei Söhne und drei Töchter
اس کے تین بیٹے اور تین بیٹیاں تھیں۔

Er hat keine Kosten für ihre Ausbildung gescheut
اس نے ان کی تعلیم کے لیے کوئی قیمت نہیں چھوڑی۔

weil er ein vernünftiger Mann war
کیونکہ وہ ایک باشعور آدمی تھا۔

aber er gab seinen Kindern viele Diener
لیکن اس نے اپنے بچوں کو بہت سے نوکر دئیے

seine Töchter waren überaus hübsch
اس کی بیٹیاں بہت خوبصورت تھیں۔

und seine jüngste Tochter war besonders hübsch
اور اس کی سب سے چھوٹی بیٹی خاص طور پر خوبصورت تھی۔

Schon als Kind wurde ihre Schönheit bewundert
بچپن میں ہی اس کی خوبصورتی کی تعریف کی گئی تھی۔

und die Leute nannten sie nach ihrer Schönheit
اور لوگ اسے اس کی خوبصورتی سے پکارتے تھے۔

Ihre Schönheit verblasste nicht, als sie älter wurde
عمر بڑھنے کے ساتھ اس کی خوبصورتی ختم نہیں ہوئی۔

Deshalb nannten die Leute sie weiterhin wegen ihrer Schönheit
تو لوگ اسے اس کی خوبصورتی سے پکارتے رہے۔

das machte ihre Schwestern sehr eifersüchtig
اس سے اس کی بہنوں کو بہت رشک آیا

Die beiden ältesten Töchter waren sehr stolz
دونوں بڑی بیٹیوں کو بڑا فخر تھا۔

Ihr Reichtum war die Quelle ihres Stolzes
ان کی دولت ان کے فخر کا باعث تھی۔

und sie verbargen ihren Stolz nicht
اور انہوں نے اپنا غرور بھی نہیں چھپایا
Sie besuchten nicht die Töchter anderer Kaufleute
وہ دوسرے تاجروں کی بیٹیوں کے پاس نہیں جاتے تھے۔
weil sie nur mit Aristokraten zusammentreffen
کیونکہ وہ صرف اشرافیہ سے ملتے ہیں۔
Sie gingen jeden Tag zu Partys
وہ ہر روز پارٹیوں کے لیے باہر جاتے تھے۔
Bälle, Theaterstücke, Konzerte usw.
گیندیں، ڈرامے، کنسرٹ وغیرہ
und sie lachten über ihre jüngste Schwester
اور وہ اپنی سب سے چھوٹی بہن پر ہنسے۔
weil sie die meiste Zeit mit Lesen verbrachte
کیونکہ اس نے اپنا زیادہ تر وقت پڑھنے میں صرف کیا۔
Es war allgemein bekannt, dass sie reich waren
یہ مشہور تھا کہ وہ دولت مند تھے۔
so hielten mehrere bedeutende Kaufleute um ihre Hand an
تو کئی نامور تاجروں نے ان سے ہاتھ مانگا۔
aber sie sagten, sie würden nicht heiraten
لیکن انہوں نے کہا کہ وہ شادی نہیں کریں گے۔
aber sie waren bereit, einige Ausnahmen zu machen
لیکن وہ کچھ استثناء کرنے کے لیے تیار تھے۔
„Vielleicht könnte ich einen Herzog heiraten"
"شاید میں ڈیوک سے شادی کر سکتا ہوں "
„Ich schätze, ich könnte einen Grafen heiraten"
"مجھے لگتا ہے کہ میں ایک ارل سے شادی کر سکتا ہوں "
Schönheit dankte sehr höflich denen, die ihr einen Antrag gemacht hatten
خوبصورتی نے بہت ہی مہذب انداز میں ان لوگوں کا شکریہ ادا کیا جنہوں نے اسے تجویز کیا۔
Sie sagte ihnen, sie sei noch zu jung zum Heiraten

اس نے انہیں بتایا کہ وہ ابھی شادی کے لیے بہت چھوٹی ہے۔

Sie wollte noch ein paar Jahre bei ihrem Vater bleiben

وہ اپنے والد کے ساتھ مزید کچھ سال رہنا چاہتی تھی۔

Auf einmal verlor der Kaufmann sein Vermögen

ایک دم سوداگر اپنی قسمت کھو بیٹھا۔

er verlor alles außer einem kleinen Landhaus

اس نے ایک چھوٹے سے ملک کے گھر کے علاوہ سب کچھ کھو دیا۔

und er sagte seinen Kindern mit Tränen in den Augen:

اور اس نے آنکھوں میں آنسو لیے اپنے بچوں سے کہا :

„Wir müssen aufs Land gehen"

"ہمیں دیہی علاقوں میں جانا چاہیے "

„und wir müssen für unseren Lebensunterhalt arbeiten"

"اور ہمیں اپنی زندگی کے لیے کام کرنا چاہیے "

die beiden ältesten Töchter wollten die Stadt nicht verlassen

دونوں بڑی بیٹیاں شہر چھوڑنا نہیں چاہتی تھیں۔

Sie hatten mehrere Liebhaber in der Stadt

شہر میں ان کے کئی عاشق تھے۔

und sie waren sicher, dass einer ihrer Liebhaber sie heiraten würde

اور انہیں یقین تھا کہ ان کے چاہنے والوں میں سے کوئی ان سے شادی کرے گا۔

Sie dachten, ihre Liebhaber würden sie heiraten, auch wenn sie kein Vermögen hätten

ان کا خیال تھا کہ ان کے چاہنے والے ان سے شادی کر لیں گے یہاں تک کہ خوش قسمتی سے بھی

aber die guten Damen haben sich geirrt

لیکن اچھی عورتیں غلط تھیں۔

Ihre Liebhaber verließen sie sehr schnell

ان کے چاہنے والوں نے انہیں بہت جلد چھوڑ دیا۔

weil sie kein Vermögen mehr hatten

کیونکہ ان کے پاس اب کوئی خوش قسمتی نہیں تھی۔

das zeigte, dass sie nicht wirklich beliebt waren

یہ ظاہر کرتا ہے کہ وہ اصل میں اچھی طرح سے پسند نہیں تھے

alle sagten, sie verdienen kein Mitleid

سب نے کہا کہ وہ ترس کھانے کے لائق نہیں ہیں۔

„Wir sind froh, dass ihr Stolz gedemütigt wurde"

"ہمیں ان کے غرور کو پست دیکھ کر خوشی ہوئی"

„Lasst sie stolz darauf sein, Kühe zu melken"

"وہ گائے کو دودھ دینے پر فخر کریں"

aber sie waren um Schönheit besorgt

لیکن وہ خوبصورتی کے لیے فکر مند تھے۔

sie war so ein süßes Geschöpf

وہ اتنی پیاری مخلوق تھی۔

Sie sprach so freundlich zu armen Leuten

وہ غریب لوگوں سے بہت نرمی سے بات کرتی تھی۔

und sie war von solch unschuldiger Natur

اور وہ اتنی معصوم طبیعت کی تھی۔

Mehrere Herren hätten sie geheiratet

کئی حضرات اس سے شادی کر چکے ہوں گے۔

Sie hätten sie geheiratet, obwohl sie arm war

وہ غریب ہونے کے باوجود اس سے شادی کر لیتے

aber sie sagte ihnen, sie könne sie nicht heiraten

لیکن اس نے انہیں بتایا کہ وہ ان سے شادی نہیں کر سکتی

weil sie ihren Vater nicht verlassen wollte

کیونکہ وہ اپنے باپ کو نہیں چھوڑے گی۔

sie war entschlossen, mit ihm aufs Land zu fahren

وہ اس کے ساتھ دیہی علاقوں میں جانے کے لیے پر عزم تھی۔

damit sie ihn trösten und ihm helfen konnte

تاکہ وہ اسے تسلی دے اور اس کی مدد کر سکے۔

Die arme Schönheit war zunächst sehr betrübt

بیچارہ حسن پہلے تو بہت غمگین تھا۔

sie war betrübt über den Verlust ihres Vermögens

وہ اپنی قسمت کے نقصان سے غمگین تھی۔
„Aber Weinen wird mein Schicksal nicht ändern"
"لیکن رونے سے میری قسمت نہیں بدلے گی "
„Ich muss versuchen, ohne Reichtum glücklich zu sein"
"مجھے دولت کے بغیر خود کو خوش رکھنے کی کوشش کرنی چاہیے "
Sie kamen zu ihrem Landhaus
وہ اپنے ملک کے گھر آئے
und der Kaufmann und seine drei Söhne widmeten sich der Landwirtschaft
اور سوداگر اور اس کے تین بیٹوں نے خود کو پالنے کے لیے لگا دیا۔
Schönheit stand um vier Uhr morgens auf
صبح چار بجے خوبصورتی بڑھ گئی۔
und sie beeilte sich, das Haus zu putzen
اور وہ جلدی سے گھر صاف کرنے لگی
und sie sorgte dafür, dass das Abendessen fertig war
اور اس نے یقینی بنایا کہ رات کا کھانا تیار ہے۔
ihr neues Leben fiel ihr zunächst sehr schwer
شروع میں اسے اپنی نئی زندگی بہت مشکل لگی
weil sie diese Arbeit nicht gewohnt war
کیونکہ وہ ایسے کام کی عادی نہیں تھی۔
aber in weniger als zwei Monaten wurde sie stärker
لیکن دو ماہ سے بھی کم عرصے میں وہ مضبوط ہو گئی۔
und sie war gesünder als je zuvor
اور وہ پہلے سے زیادہ صحت مند تھی۔
nachdem sie ihre arbeit erledigt hatte, las sie
اپنا کام کرنے کے بعد اس نے پڑھا۔
sie spielte Cembalo
وہ ہارپسیکورڈ پر کھیلتی تھی۔
oder sie sang, während sie Seide spann
یا اس نے ریشم کاتتے ہوئے گایا
im Gegenteil, ihre beiden Schwestern wussten nicht, wie sie

ihre Zeit verbringen sollten

اس کے برعکس، اس کی دونوں بہنیں نہیں جانتی تھیں کہ اپنا وقت کیسے گزاریں۔

Sie standen um zehn auf und taten den ganzen Tag nichts anderes als herumzufaulenzen

وہ دس بجے اٹھے اور سارا دن سستی کے سوا کچھ نہیں کیا۔

Sie beklagten den Verlust ihrer schönen Kleider

انہوں نے اپنے عمدہ لباس کے نقصان پر افسوس کا اظہار کیا۔

und sie beklagten sich über den Verlust ihrer Bekannten

اور انہوں نے اپنے جاننے والوں کو کھونے کی شکایت کی۔

„Schau dir unsere jüngste Schwester an", sagten sie zueinander

"ہماری سب سے چھوٹی بہن کو دیکھو، "انہوں نے ایک دوسرے سے کہا

„Was für ein armes und dummes Geschöpf sie ist"

"کتنی غریب اور احمق مخلوق ہے وہ "

„Es ist gemein, mit so wenig zufrieden zu sein"

"اس کا مطلب یہ ہے کہ بہت کم پر راضی رہنا "

der freundliche Kaufmann war ganz anderer Meinung

مہربان تاجر کی رائے بالکل مختلف تھی۔

er wusste sehr wohl, dass Schönheit ihre Schwestern übertraf

وہ اچھی طرح جانتا تھا کہ خوبصورتی اس کی بہنوں کو پیچھے چھوڑ دیتی ہے۔

Sie übertraf sie sowohl charakterlich als auch geistig

اس نے کردار کے ساتھ ساتھ دماغ میں بھی ان کو پیچھے چھوڑ دیا۔

er bewunderte ihre Bescheidenheit und ihre harte Arbeit

اس نے اس کی عاجزی اور اس کی محنت کی تعریف کی۔

aber am meisten bewunderte er ihre Geduld

لیکن سب سے زیادہ اس نے اس کے صبر کی تعریف کی۔

Ihre Schwestern überließen ihr die ganze Arbeit

اس کی بہنوں نے اسے تمام کام کرنے کے لیے چھوڑ دیا۔
und sie beleidigten sie ständig
اور انہوں نے ہر لمحہ اس کی توہین کی۔
Die Familie hatte etwa ein Jahr lang so gelebt
یہ خاندان تقریباً ایک سال تک ایسے ہی رہتا تھا۔
dann bekam der Kaufmann einen Brief von einem Buchhalter
پھر تاجر کو ایک اکاؤنٹنٹ کا خط ملا
er hatte in ein Schiff investiert
اس نے ایک جہاز میں سرمایہ کاری کی تھی۔
und das Schiff war sicher angekommen
اور جہاز بحفاظت پہنچ گیا تھا۔
diese Nachricht ließ die beiden ältesten Töchter staunen
نے دونوں بڑی بیٹیوں کے سر پھیر دیے۔
Sie hatten sofort die Hoffnung, in die Stadt zurückzukehren
انہیں فوری طور پر شہر واپس آنے کی امید تھی۔
weil sie des Landlebens überdrüssig waren
کیونکہ وہ دیسی زندگی سے بہت تنگ تھے۔
Sie gingen zu ihrem Vater, als er ging
وہ اپنے باپ کے پاس گئے جب وہ جا رہا تھا۔
Sie baten ihn, ihnen neue Kleider zu kaufen
اُنہوں نے اُس سے التجا کی کہ وہ اُن کے لیے نئے کپڑے خریدے۔
Kleider, Bänder und allerlei Kleinigkeiten
کپڑے، ربن، اور ہر طرح کی چھوٹی چیزیں
aber die Schönheit verlangte nichts
لیکن خوبصورتی نے کچھ نہیں مانگا۔
weil sie dachte, das Geld würde nicht reichen
کیونکہ اس کا خیال تھا کہ پیسے کافی نہیں ہوں گے۔
es würde nicht reichen, um alles zu kaufen, was ihre Schwestern wollten
ہر وہ چیز خریدنے کے لیے کافی نہیں ہوگی جو اس کی بہنیں چاہتی

تھیں۔

„Was möchtest du, Schönheit?", fragte ihr Vater

"تم کیا پسند کرو گی خوبصورتی؟" اس کے والد سے پوچھا

"Danke, Vater, dass du so nett bist, an mich zu denken", sagte sie

"آپ کا شکریہ، والد، میرے بارے میں سوچنے کے لئے اچھائی کے لئے،" اس نے کہا

„Vater, sei so freundlich und bring mir eine Rose mit"

"ابا، اتنا مہربان ہو کہ مجھے ایک گلاب لادیں "

„weil hier im Garten keine Rosen wachsen"

"کیونکہ یہاں باغ میں کوئی گلاب نہیں اگتا "

„und Rosen sind eine Art Rarität"

"اور گلاب ایک قسم کی نایاب ہیں "

Schönheit mochte Rosen nicht wirklich

خوبصورتی واقعی گلابوں کی پرواہ نہیں کرتی تھی۔

sie bat nur um etwas, um ihre Schwestern nicht zu verurteilen

اس نے صرف اپنی بہنوں کی مذمت نہ کرنے کے لیے کچھ مانگا۔

aber ihre Schwestern dachten, sie hätte aus anderen Gründen nach Rosen gefragt

لیکن اس کی بہنوں کا خیال تھا کہ اس نے دوسری وجوہات کی بنا پر گلاب مانگے ہیں۔

„Sie hat es nur getan, um besonders auszusehen"

"اس نے یہ صرف خاص نظر آنے کے لیے کیا "

Der freundliche Mann machte sich auf die Reise

مہربان آدمی اپنے سفر پر چلا گیا۔

aber als er ankam, stritten sie über die Ware

لیکن جب وہ پہنچا تو وہ سامان کے بارے میں بحث کرنے لگے

und nach viel Ärger kam er genauso arm zurück wie zuvor

اور بہت تکلیف کے بعد وہ پہلے کی طرح غریب واپس آیا

er war nur ein paar Stunden von seinem eigenen Haus

entfernt

وہ اپنے گھر سے چند گھنٹوں کے اندر اندر تھا۔

und er stellte sich schon die Freude vor, seine Kinder zu sehen

اور اس نے پہلے ہی اپنے بچوں کو دیکھ کر خوشی کا تصور کر لیا تھا۔

aber als er durch den Wald ging, verirrte er sich

لیکن جنگل میں جاتے وقت وہ گم ہو گیا۔

es hat furchtbar geregnet und geschneit

بارش ہوئی اور بہت زیادہ برف باری ہوئی۔

der Wind war so stark, dass er ihn vom Pferd warf

ہوا اتنی تیز تھی کہ اس نے اسے گھوڑے سے اتار دیا۔

und die Nacht kam schnell

اور رات تیزی سے آ رہی تھی

er begann zu glauben, er müsse verhungern

وہ سوچنے لگا کہ شاید وہ بھوکا مر جائے۔

und er dachte, er könnte erfrieren

اور اس نے سوچا کہ شاید وہ جم جائے گا۔

und er dachte, Wölfe könnten ihn fressen

اور اس نے سوچا کہ اسے بھیڑیے کھا سکتے ہیں۔

die Wölfe, die er um sich herum heulen hörte

وہ بھیڑیے جنہیں اس نے اپنے چاروں طرف چیختے سنا

aber plötzlich sah er ein Licht

لیکن اچانک اس نے ایک روشنی دیکھی۔

er sah das Licht in der Ferne durch die Bäume

اس نے درختوں میں سے کچھ فاصلے پر روشنی دیکھی۔

als er näher kam, sah er, dass das Licht ein Palast war

قریب پہنچا تو دیکھا کہ روشنی ایک محل تھی۔

der Palast war von oben bis unten beleuchtet

محل اوپر سے نیچے تک روشن تھا۔

Der Kaufmann dankte Gott für sein Glück

تاجر نے اپنی قسمت پر اللہ کا شکر ادا کیا۔

und er eilte zum Palast

اور وہ جلدی سے محل کی طرف بڑھا

aber er war überrascht, keine Leute im Palast zu sehen

لیکن محل میں لوگوں کو نہ دیکھ کر وہ حیران ہوا۔

der Hof war völlig leer

عدالت کا صحن بالکل خالی تھا۔

und nirgendwo ein Lebenszeichen

اور کہیں بھی زندگی کا کوئی نشان نہیں تھا۔

sein Pferd folgte ihm in den Palast

اس کا گھوڑا اس کے پیچھے محل میں چلا گیا۔

und dann fand sein Pferd großen Stall

اور پھر اس کا گھوڑا بڑا مستحکم پایا

das arme Tier war fast verhungert

غریب جانور تقریبا بھوکا تھا

also ging sein Pferd hinein, um Heu und Hafer zu finden

چنانچہ اس کا گھوڑا گھاس اور جئی تلاش کرنے کے لیے اندر گیا۔

zum Glück fand er reichlich zu essen

خوش قسمتی سے اسے کھانے کے لیے کافی ملا

und der Kaufmann band sein Pferd an die Krippe

اور سوداگر نے اپنا گھوڑا چرنی کے ساتھ باندھ دیا۔

Als er zum Haus ging, sah er niemanden

گھر کی طرف بڑھا تو اسے کوئی نظر نہیں آیا

aber in einer großen Halle fand er ein gutes Feuer

لیکن ایک بڑے ہال میں اسے اچھی آگ لگی

und er fand einen Tisch für eine Person gedeckt

اور اسے ایک کے لیے ایک میز ملا

er war nass vom Regen und Schnee

وہ بارش اور برف سے گیلا تھا۔

Also ging er zum Feuer, um sich abzutrocknen

سو وہ خود کو خشک کرنے کے لیے آگ کے قریب گیا۔

„Ich hoffe, der Hausherr entschuldigt mich"
"مجھے امید ہے گھر کے مالک مجھے معاف کر دیں گے "
„Ich schätze, es wird nicht lange dauern, bis jemand auftaucht."
"مجھے لگتا ہے کہ کسی کے ظاہر ہونے میں زیادہ وقت نہیں لگے گا "
Er wartete eine beträchtliche Zeit
اس نے کافی دیر انتظار کیا۔
er wartete, bis es elf schlug, und noch immer kam niemand
وہ گیارہ بجے تک انتظار کرتا رہا، پھر بھی کوئی نہیں آیا
Schließlich war er so hungrig, dass er nicht länger warten konnte
آخرکار وہ اتنا بھوکا تھا کہ وہ مزید انتظار نہیں کر سکتا تھا۔
er nahm ein Hühnchen und aß es in zwei Bissen
اس نے چکن لیا اور دو منہ میں کھا لیا۔
er zitterte beim Essen
کھانا کھاتے ہوئے وہ کانپ رہا تھا۔
danach trank er ein paar Gläser Wein
اس کے بعد اس نے شراب کے چند گلاس پیے۔
Er wurde mutiger und verließ den Saal
وہ مزید ہمت بڑھا کر ہال سے باہر نکل گیا۔
und er durchquerte mehrere große Hallen
اور وہ کئی بڑے ہالوں سے گزرا۔
Er ging durch den Palast, bis er in eine Kammer kam
وہ محل سے گزرا یہاں تک کہ وہ ایک کوٹھڑی میں آ گیا۔
eine Kammer, in der sich ein überaus gutes Bett befand
ایک کمرہ جس میں ایک بہت اچھا بستر تھا۔
er war von der Tortur sehr erschöpft
وہ اپنی آزمائش سے بہت تھکا ہوا تھا۔
und es war schon nach Mitternacht
اور وقت آدھی رات گزر چکا تھا۔
also beschloss er, dass es das Beste sei, die Tür zu schließen

تو اس نے فیصلہ کیا کہ دروازہ بند کرنا ہی بہتر ہے۔
und er beschloss, dass er zu Bett gehen sollte
اور اس نے یہ نتیجہ اخذ کیا کہ اسے بستر پر جانا چاہئے۔
Es war zehn Uhr morgens, als der Kaufmann aufwachte
صبح کے دس بج رہے تھے جب سوداگر بیدار ہوا۔
gerade als er aufstehen wollte, sah er etwas
جیسے ہی وہ اٹھنے جا رہا تھا اس نے کچھ دیکھا
er war erstaunt, saubere Kleidung zu sehen
وہ صاف ستھرے کپڑوں کو دیکھ کر حیران رہ گیا۔
an der Stelle, wo er seine schmutzigen Kleider zurückgelassen hatte
اس جگہ جہاں اس نے اپنے گندے کپڑے چھوڑے تھے۔
"Mit Sicherheit gehört dieser Palast einer netten Fee"
"یقیناً یہ محل کسی پری کا ہے "
„eine Fee, die mich gesehen und bemitleidet hat"
"ایک پری جس نے مجھے دیکھا اور ترس آیا "
er sah durch ein Fenster
اس نے کھڑکی سے دیکھا
aber statt Schnee sah er den herrlichsten Garten
لیکن برف کے بجائے اس نے سب سے لذت بخش باغ دیکھا
und im Garten waren die schönsten Rosen
اور باغ میں سب سے خوبصورت گلاب تھے۔
dann kehrte er in die große Halle zurück
پھر وہ عظیم ہال میں واپس آیا
der Saal, in dem er am Abend zuvor Suppe gegessen hatte
وہ ہال جہاں اس نے ایک رات پہلے سوپ کھایا تھا۔
und er fand etwas Schokolade auf einem kleinen Tisch
اور اسے ایک چھوٹی میز پر چاکلیٹ ملی
„Danke, liebe Frau Fee", sagte er laut
"شکریہ گڈ میڈم پری "اس نے بلند آواز میں کہا
„Danke für Ihre Fürsorge"

"اتنا خیال رکھنے کا شکریہ "

„Ich bin Ihnen für all Ihre Gefälligkeiten äußerst dankbar"

"میں آپ کے تمام احسانات کا انتہائی پابند ہوں "

Der freundliche Mann trank seine Schokolade

مہربان آدمی نے اپنی چاکلیٹ پی لی

und dann ging er sein Pferd suchen

اور پھر وہ اپنے گھوڑے کو ڈھونڈنے چلا گیا۔

aber im Garten erinnerte er sich an die Bitte der Schönheit

لیکن باغ میں اسے خوبصورتی کی فرمائش یاد آ گئی۔

und er schnitt einen Rosenzweig ab

اور اس نے گلاب کی ایک شاخ کاٹ دی۔

sofort hörte er ein lautes Geräusch

فوراً اس نے ایک بڑا شور سنا

und er sah ein furchtbar furchtbares Tier

اور اس نے ایک بہت ہی خوفناک جانور دیکھا

er war so erschrocken, dass er kurz davor war, ohnmächtig zu werden

وہ اتنا خوفزدہ تھا کہ وہ بے ہوش ہونے کو تیار تھا۔

„Du bist sehr undankbar", sagte das Tier zu ihm

"تم بہت ناشکرے ہو "درندے نے اس سے کہا

und das Tier sprach mit schrecklicher Stimme

اور حیوان خوفناک آواز میں بولا۔

„Ich habe dein Leben gerettet, indem ich dich in mein Schloss gelassen habe"

"میں نے تمہیں اپنے محل میں جانے کی اجازت دے کر تمہاری جان بچائی ہے "

"und dafür stiehlst du mir im Gegenzug meine Rosen?"

"اور اس کے بدلے میں تم میرے گلاب چراتے ہو؟ "

„Die Rosen sind für mich mehr wert als alles andere"

"وہ گلاب جن کی میں کسی بھی چیز سے بڑھ کر قدر کرتا ہوں "

„Aber du wirst für das, was du getan hast, sterben"

"لیکن تم اپنے کیے کے لیے مر جاؤ گے "

„Ich gebe Ihnen nur eine Viertelstunde, um sich vorzubereiten"

"میں آپ کو صرف ایک گھنٹے کا وقت دیتا ہوں اپنے آپ کو تیار کرنے کے لیے "

„Bereiten Sie sich auf den Tod vor und sprechen Sie Ihre Gebete"

"موت کے لیے تیار ہو جاؤ اور نماز پڑھو "

der Kaufmann fiel auf die Knie

سوداگر گھٹنوں کے بل گر گیا۔

und er hob beide Hände

اور اس نے اپنے دونوں ہاتھ اٹھا لیے

„Mein Herr, ich flehe Sie an, mir zu vergeben"

"میرے آقا، میں آپ سے التجا کرتا ہوں کہ مجھے معاف کر دیں "

„Ich hatte nicht die Absicht, Sie zu beleidigen"

"میرا آپ کو ناراض کرنے کا کوئی ارادہ نہیں تھا "

„Ich habe für eine meiner Töchter eine Rose gepflückt"

"میں نے اپنی بیٹیوں میں سے ایک کے لیے گلاب جمع کیا "

„Sie bat mich, ihr eine Rose mitzubringen"

"اس نے مجھ سے گلاب لانے کو کہا "

„Ich bin nicht euer Herr, sondern ein Tier", antwortete das Monster

"میں تمہارا رب نہیں ہوں، لیکن میں ایک حیوان ہوں،" عفریت نے جواب دیا۔

„Ich mag keine Komplimente"

"مجھے تعریف پسند نہیں "

„Ich mag Menschen, die so sprechen, wie sie denken"

"مجھے وہ لوگ پسند ہیں جو اپنی سوچ کے مطابق بولتے ہیں "

„glauben Sie nicht, dass ich durch Schmeicheleien bewegt werden kann"

"یہ تصور نہ کریں کہ میں چاپلوسی سے متاثر ہو سکتا ہوں "

„Aber Sie sagen, Sie haben Töchter"
"لیکن تم کہتے ہو کہ تمہاری بیٹیاں ہیں "
„Ich werde dir unter einer Bedingung vergeben"
"میں تمہیں ایک شرط پر معاف کر دوں گا "
„Eine deiner Töchter muss freiwillig in meinen Palast kommen"
"تمہاری بیٹیوں میں سے ایک خوشی سے میرے محل میں آئے "
"und sie muss für dich leiden"
"اور اسے تمہارے لیے تکلیف اٹھانی پڑے گی "
„Gib mir Dein Wort"
"مجھے آپ کی بات کرنے دو "
„Und dann können Sie Ihren Geschäften nachgehen"
"اور پھر آپ اپنے کاروبار کے بارے میں جا سکتے ہیں "
„Versprich mir das:"
"مجھ سے یہ وعدہ کرو ":
„Wenn Ihre Tochter sich weigert, für Sie zu sterben, müssen Sie innerhalb von drei Monaten zurückkehren"
"اگر آپ کی بیٹی آپ کے لیے مرنے سے انکار کرتی ہے تو آپ کو تین ماہ کے اندر واپس آنا چاہیے "
der Kaufmann hatte nicht die Absicht, seine Töchter zu opfern
تاجر کا اپنی بیٹیوں کو قربان کرنے کا کوئی ارادہ نہیں تھا۔
aber da ihm Zeit gegeben wurde, wollte er seine Töchter noch einmal sehen
لیکن، چونکہ اسے وقت دیا گیا تھا، وہ اپنی بیٹیوں کو ایک بار پھر دیکھنا چاہتا تھا۔
also versprach er, dass er zurückkehren würde
تو اس نے وعدہ کیا کہ وہ واپس آئے گا۔
und das Tier sagte ihm, er könne aufbrechen, wann er wolle
اور جانور نے اس سے کہا کہ جب وہ چاہے نکل سکتا ہے۔
und das Tier erzählte ihm noch etwas

اور جانور نے اسے ایک اور بات بتائی

„Du sollst nicht mit leeren Händen gehen"

"آپ خالی ہاتھ نہیں جائیں گے "

„Geh zurück in das Zimmer, in dem du lagst"

"اس کمرے میں واپس جائیں جہاں آپ لیٹے ہیں "

„Sie werden eine große leere Schatzkiste sehen"

"آپ کو ایک بہت بڑا خالی خزانہ نظر آئے گا "

„Fülle die Schatzkiste mit allem, was Dir am besten gefällt"

"خزانے کے سینے کو اس چیز سے بھریں جو آپ کو بہترین لگے "

„und ich werde die Schatzkiste zu Dir nach Hause schicken"

"اور میں خزانے کو آپ کے گھر بھیج دوں گا "

und gleichzeitig zog sich das Tier zurück

اور اسی وقت جانور پیچھے ہٹ گیا۔

„Nun", sagte sich der gute Mann

"اچھا "اچھے آدمی نے اپنے آپ سے کہا

„Wenn ich sterben muss, werde ich meinen Kindern wenigstens etwas hinterlassen"

"اگر مجھے مرنا ہے تو میں کم از کم اپنے بچوں کے لیے کچھ چھوڑ جاؤں گا "

so kehrte er ins Schlafzimmer zurück

تو وہ بیڈ چیمبر میں واپس آیا

und er fand sehr viele Goldstücke

اور اسے سونے کے بہت سے ٹکڑے ملے

er füllte die Schatzkiste, die das Tier erwähnt hatte

اس نے خزانے کے سینے کو بھر دیا جس کا ذکر حیوان نے کیا تھا۔

und er holte sein Pferd aus dem Stall

اور اس نے اپنا گھوڑا اصطبل سے باہر نکالا۔

die Freude, die er beim Betreten des Palastes empfand, war nun genauso groß wie die Trauer, die er beim Verlassen des Palastes empfand

محل میں داخل ہوتے ہوئے اس نے جو خوشی محسوس کی تھی وہ اب

اس غم کے برابر تھی جو اس نے اسے چھوڑتے ہوئے محسوس کی تھی۔

Das Pferd nahm einen der Wege im Wald
گھوڑے نے جنگل کی ایک سڑک پکڑ لی
und in wenigen Stunden war der gute Mann zu Hause
اور چند گھنٹوں میں اچھا آدمی گھر پہنچ گیا۔
seine Kinder kamen zu ihm
اس کے بچے اس کے پاس آئے
aber anstatt ihre Umarmungen mit Freude entgegenzunehmen, sah er sie an
لیکن خوشی سے ان کے گلے ملنے کے بجائے اس نے ان کی طرف دیکھا
er hielt den Ast hoch, den er in den Händen hielt
اس نے اپنے ہاتھ میں جو شاخ تھی اسے تھام لیا۔
und dann brach er in Tränen aus
اور پھر وہ رو پڑا
„Schönheit", sagte er, „nimm bitte diese Rosen"
"خوبصورتی، "اس نے کہا،" براہ کرم یہ گلاب لے لو "
„Sie können nicht wissen, wie teuer diese Rosen waren"
"آپ نہیں جان سکتے کہ یہ گلاب کتنے مہنگے ہیں "
„Diese Rosen haben deinen Vater das Leben gekostet"
"ان گلابوں نے تمہارے باپ کی جان گنوا دی ہے "
und dann erzählte er von seinem tödlichen Abenteuer
اور پھر اس نے اپنے مہلک ایڈونچر کے بارے میں بتایا
Sofort schrien die beiden ältesten Schwestern
فوراً ہی دونوں بڑی بہنیں پکار اٹھیں۔
und sie sagten viele gemeine Dinge zu ihrer schönen Schwester
اور انہوں نے اپنی خوبصورت بہن سے بہت سی باتیں کہیں۔
aber die Schönheit weinte überhaupt nicht
لیکن خوبصورتی بالکل نہیں روئی

„Seht euch den Stolz dieses kleinen Schurken an", sagten sie

"انہوں نے کہا،" اس ننھے مکار کا غرور دیکھو۔ "

„Sie hat nicht nach schönen Kleidern gefragt"

"اس نے اچھے کپڑے نہیں مانگے "

„Sie hätte tun sollen, was wir getan haben"

"اسے وہی کرنا چاہیے تھا جو ہم نے کیا "

„Sie wollte sich hervortun"

"وہ خود کو ممتاز کرنا چاہتی تھی "

„so wird sie nun den Tod unseres Vaters bedeuten"

"تو اب وہ ہمارے باپ کی موت ہو گی "

„und doch vergießt sie keine Träne"

"اور پھر بھی وہ ایک آنسو نہیں بہاتی "

"Warum sollte ich weinen?", antwortete die Schönheit

"میں کیوں روؤں؟" "خوبصورتی نے جواب دیا۔

„Weinen wäre völlig unnötig"

"رونا بہت بے مقصد ہوگا "

„Mein Vater wird nicht für mich leiden"

"میرے والد میرے لیے تکلیف نہیں اٹھائیں گے "

„Das Monster wird eine seiner Töchter akzeptieren"

"عفریت اپنی بیٹیوں میں سے ایک کو قبول کرے گا "

„Ich werde mich seiner ganzen Wut aussetzen"

"میں اپنے آپ کو اس کے تمام غصے کے سامنے پیش کروں گا "

„Ich bin sehr glücklich, denn mein Tod wird das Leben meines Vaters retten"

"میں بہت خوش ہوں، کیونکہ میری موت سے میرے والد کی جان بچ جائے گی "

„Mein Tod wird ein Beweis meiner Liebe sein"

"میری موت میری محبت کا ثبوت ہو گی "

„Nein, Schwester", sagten ihre drei Brüder

"نہیں بہن، "اس کے تین بھائیوں نے کہا

„das darf nicht sein"

"ایسا نہیں ہوگا "

„Wir werden das Monster finden"

"ہم عفریت کو ڈھونڈیں گے "

"und entweder wir werden ihn töten..."

"اور یا تو ہم اسے مار ڈالیں گے "...

„... oder wir werden bei dem Versuch umkommen"

"یا ہم کوشش میں ہلاک ہو جائیں گے "

„Stellt euch nichts dergleichen vor, meine Söhne", sagte der Kaufmann

"بیٹو، ایسی کسی چیز کا تصور نہ کرو، "سوداگر نے کہا

„Die Kraft des Biests ist so groß, dass ich keine Hoffnung habe, dass Ihr es besiegen könntet."

"حیوان کی طاقت اتنی عظیم ہے کہ مجھے امید نہیں ہے کہ آپ اس پر قابو پا سکتے ہیں "

„Ich bin entzückt von dem freundlichen und großzügigen Angebot der Schönheit"

"میں خوبصورتی کی مہربان اور فراخ پیشکش سے متاثر ہوں "

„aber ich kann ihre Großzügigkeit nicht annehmen"

"لیکن میں اس کی سخاوت کو قبول نہیں کر سکتا "

„Ich bin alt und habe nicht mehr lange zu leben"

"میں بوڑھا ہو گیا ہوں، اور میرے پاس زیادہ جینے کی ضرورت نہیں ہے "

„also kann ich nur ein paar Jahre verlieren"

"لہذا میں صرف چند سال کھو سکتا ہوں "

„Zeit, die ich für euch bereue, meine lieben Kinder"

"وہ وقت جس کا مجھے آپ کے لیے افسوس ہے، میرے پیارے بچو "

„Aber Vater", sagte die Schönheit

"لیکن ابا، "خوبصورتی نے کہا

„Du sollst nicht ohne mich in den Palast gehen"

"تم میرے بغیر محل نہیں جاو گے "

„Du kannst mich nicht davon abhalten, dir zu folgen"

"آپ مجھے اپنے پیچھے چلنے سے نہیں روک سکتے "

nichts könnte Schönheit vom Gegenteil überzeugen

کچھ بھی دوسری صورت میں خوبصورتی کو قائل نہیں کر سکتا

Sie bestand darauf, in den schönen Palast zu gehen

اس نے عمدہ محل جانے پر اصرار کیا۔

und ihre Schwestern waren erfreut über ihre Beharrlichkeit

اور اس کی بہنیں اس کے اصرار پر خوش ہوئیں

Der Kaufmann war besorgt bei dem Gedanken, seine Tochter zu verlieren

سوداگر اپنی بیٹی کو کھونے کا سوچ کر پریشان تھا۔

er war so besorgt, dass er die Truhe voller Gold vergessen hatte

وہ اتنا پریشان تھا کہ سونے سے بھرے سینے کو بھول گیا تھا۔

Abends begab er sich zur Ruhe und schloss die Tür seines Zimmers.

رات کو وہ آرام کرنے کے لیے ریٹائر ہوا، اور اس نے اپنے کمرے کا دروازہ بند کر دیا۔

Dann fand er zu seinem großen Erstaunen den Schatz neben seinem Bett.

پھر، اس کی بڑی حیرانی، اس نے خزانہ اپنے پلنگ کے پاس پایا

er war entschlossen, es seinen Kindern nicht zu erzählen

اس نے اپنے بچوں کو نہ بتانے کا تہیہ کر رکھا تھا۔

Wenn sie es gewusst hätten, wären sie in die Stadt zurückgekehrt

اگر وہ جانتے تو وہ شہر واپس جانا چاہتے

und er war entschlossen, das Land nicht zu verlassen

اور اس نے دیہی علاقوں کو نہ چھوڑنے کا عزم کیا۔

aber er vertraute der Schönheit das Geheimnis

لیکن اس نے راز کے ساتھ خوبصورتی پر بھروسہ کیا۔

Sie teilte ihm mit, dass zwei Herren gekommen seien

اس نے اسے اطلاع دی کہ دو حضرات آئے ہیں۔

und sie machten ihren Schwestern einen Heiratsantrag

اور انہوں نے اس کی بہنوں کو تجویز پیش کی۔

Sie bat ihren Vater, ihrer Heirat zuzustimmen

اس نے اپنے والد سے ان کی شادی کے لیے رضامندی کی درخواست کی۔

und sie bat ihn, ihnen etwas von seinem Vermögen zu geben

اور اس نے اس سے کہا کہ وہ انہیں اپنی خوش قسمتی میں سے کچھ دے دے۔

sie hatte ihnen bereits vergeben

وہ انہیں پہلے ہی معاف کر چکی تھی۔

Die bösen Kreaturen rieben ihre Augen mit Zwiebeln

شریروں نے اپنی آنکھیں پیاز سے رگڑیں۔

um beim Abschied von der Schwester ein paar Tränen zu vergießen

جب وہ اپنی بہن سے جدا ہوئے تو کچھ آنسو بہانے کے لیے

aber ihre Brüder waren wirklich besorgt

لیکن اس کے بھائی واقعی فکر مند تھے۔

Schönheit war die einzige, die keine Tränen vergoss

خوبصورتی صرف وہی تھی جس نے کوئی آنسو نہیں بہایا

sie wollte ihr Unbehagen nicht vergrößern

وہ ان کی بے چینی میں اضافہ نہیں کرنا چاہتی تھی۔

Das Pferd nahm den direkten Weg zum Palast

گھوڑے نے محل کی سیدھی سڑک لی

und gegen Abend sahen sie den erleuchteten Palast

اور شام کو انہوں نے روشن محل دیکھا

das Pferd begab sich wieder in den Stall

گھوڑے نے خود کو دوبارہ اصطبل میں لے لیا۔

und der gute Mann und seine Tochter gingen in die große Halle

اور نیک آدمی اور اس کی بیٹی عظیم ہال میں چلے گئے۔

hier fanden sie einen herrlich gedeckten Tisch

یہاں انہیں ایک میز شاندار طریقے سے پیش کی گئی ہے۔

der Kaufmann hatte keinen Appetit zu essen

سوداگر کو کھانے کی بھوک نہیں تھی۔

aber die Schönheit bemühte sich, fröhlich zu erscheinen

لیکن خوبصورتی نے خوش نظر آنے کی کوشش کی۔

sie setzte sich an den Tisch und half ihrem Vater

وہ میز پر بیٹھ گئی اور اپنے باپ کی مدد کی۔

aber sie dachte auch bei sich:

لیکن اس نے خود سے بھی سوچا :

„Das Biest will mich sicher mästen, bevor es mich frisst"

"درندہ ضرور مجھے کھانے سے پہلے موٹا کرنا چاہتا ہے "

„deshalb sorgt er für so viel Unterhaltung"

"اسی لیے وہ اتنی بھرپور تفریح فراہم کرتا ہے "

Nachdem sie gegessen hatten, hörten sie ein großes Geräusch

کھانے کے بعد انہوں نے ایک بڑا شور سنا

und der Kaufmann verabschiedete sich mit Tränen in den Augen von seinem unglücklichen Kind

اور تاجر نے آنکھوں میں آنسو لیے اپنے بدقسمت بچے کو الوداع کیا۔

weil er wusste, dass das Biest kommen würde

کیونکہ وہ جانتا تھا کہ حیوان آنے والا ہے۔

Die Schönheit war entsetzt über seine schreckliche Gestalt

خوبصورتی اس کی بھیانک شکل سے گھبرا گئی تھی۔

aber sie nahm ihren Mut zusammen, so gut sie konnte

لیکن وہ جتنی ہمت کر سکتی تھی۔

und das Monster fragte sie, ob sie freiwillig mitkäme

اور عفریت نے اس سے پوچھا کہ کیا وہ اپنی مرضی سے آئی ہے؟

"ja, ich bin freiwillig gekommen", sagte sie zitternd

"ہاں، میں اپنی مرضی سے آئی ہوں۔ "وہ کانپتے ہوئے بولی۔

Das Tier antwortete: „Du bist sehr gut"

جانور نے جواب دیا" تم بہت اچھے ہو "

„und ich bin Ihnen zu großem Dank verpflichtet, ehrlicher Mann"

"اور میں آپ کا بہت پابند ہوں؛ ایماندار آدمی "

„Geht morgen früh eure Wege"

"کل صبح اپنے راستے پر جاؤ "

„aber denk nie daran, wieder hierher zu kommen"

"لیکن پھر کبھی یہاں آنے کا نہ سوچنا "

„Lebe wohl, Schönheit, lebe wohl, Biest", antwortete er

"الوداعی خوبصورتی، الوداعی جانور، "اس نے جواب دیا۔

und sofort zog sich das Monster zurück

اور عفریت فوراً پیچھے ہٹ گیا۔

"Oh, Tochter", sagte der Kaufmann

''اوہ بیٹی،'' سوداگر نے کہا

und er umarmte seine Tochter noch einmal

اور اس نے ایک بار پھر اپنی بیٹی کو گلے لگایا

„Ich habe fast Todesangst"

"میں موت سے تقریباً خوفزدہ ہوں "

„glauben Sie mir, Sie sollten lieber zurückgehen"

"مجھ پر یقین کرو، آپ کو واپس جانا بہتر تھا "

„Lass mich hier bleiben, statt dir"

"آپ کی بجائے مجھے یہیں رہنے دو "

„Nein, Vater", sagte die Schönheit entschlossen

''نہیں ابا،'' خوبصورتی نے پر عزم لہجے میں کہا

„Du sollst morgen früh aufbrechen"

"آپ کل صبح روانہ ہو جائیں گے "

„überlasse mich der Obhut und dem Schutz der Vorsehung"

"مجھے پروویڈنس کی دیکھ بھال اور تحفظ پر چھوڑ دو "

trotzdem gingen sie zu Bett

اس کے باوجود وہ بستر پر چلے گئے

Sie dachten, sie würden die ganze Nacht kein Auge zutun
ان کا خیال تھا کہ وہ ساری رات آنکھیں بند نہیں کریں گے۔
aber als sie sich hinlegten, schliefen sie ein
لیکن جیسے ہی وہ لیٹ گئے وہ سو گئے۔
Die Schönheit träumte, eine schöne Dame kam und sagte zu ihr:
خوبصورتی نے خواب میں دیکھا کہ ایک حسین عورت آئی اور اس سے کہنے لگی :
„Ich bin zufrieden, Schönheit, mit deinem guten Willen"
"میں مطمئن ہوں، خوبصورتی، آپ کی مرضی سے "
„Diese gute Tat von Ihnen wird nicht unbelohnt bleiben"
"تمہارا یہ نیک عمل بے نتیجہ نہیں جائے گا "
Die Schöne erwachte und erzählte ihrem Vater ihren Traum
خوبصورتی بیدار ہوئی اور اپنے والد کو اپنا خواب سنایا
der Traum tröstete ihn ein wenig
خواب نے اسے تھوڑا سا تسلی دینے میں مدد کی۔
aber er konnte nicht anders, als bitterlich zu weinen, als er ging
لیکن جب وہ جا رہا تھا تو وہ بلک بلک کر رونے میں مدد نہیں کر سکا
Sobald er weg war, setzte sich Schönheit in die große Halle und weinte ebenfalls
جیسے ہی وہ چلا گیا، خوبصورتی بھی بڑے ہال میں بیٹھ گئی اور رونے لگی
aber sie beschloss, sich keine Sorgen zu machen
لیکن اس نے پریشان نہ ہونے کا عزم کیا۔
Sie beschloss, in der kurzen Zeit, die ihr noch zu leben blieb, stark zu sein
اس نے اس تھوڑے وقت کے لیے مضبوط ہونے کا فیصلہ کیا جو اس نے جینے کے لیے چھوڑا تھا۔
weil sie fest davon überzeugt war, dass das Biest sie fressen würde

کیونکہ اسے پختہ یقین تھا کہ درندہ اسے کھا جائے گا۔
Sie dachte jedoch, sie könnte genauso gut den Palast erkunden
تاہم، اس نے سوچا کہ وہ محل کو بھی تلاش کر سکتی ہے۔
und sie wollte das schöne Schloss besichtigen
اور وہ عمدہ قلعہ دیکھنا چاہتی تھی۔
ein Schloss, das sie bewundern musste
ایک محل جس کی تعریف کرنے میں وہ مدد نہیں کر سکتی تھی۔
Es war ein wunderbar angenehmer Palast
یہ ایک خوشگوار خوشگوار محل تھا۔
und sie war äußerst überrascht, als sie eine Tür sah
اور وہ ایک دروازہ دیکھ کر بہت حیران ہوئی۔
und über der Tür stand, dass es ihr Zimmer sei
اور دروازے پر لکھا تھا کہ یہ اس کا کمرہ ہے۔
sie öffnete hastig die Tür
اس نے جلدی سے دروازہ کھولا۔
und sie war ganz geblendet von der Pracht des Raumes
اور وہ کمرے کی شان و شوکت سے کافی حیران تھی۔
was ihre Aufmerksamkeit vor allem auf sich zog, war eine große Bibliothek
جس چیز نے بنیادی طور پر اس کی توجہ حاصل کی وہ ایک بڑی لائبریری تھی۔
ein Cembalo und mehrere Notenbücher
ایک ہارپسیکورڈ اور موسیقی کی کئی کتابیں۔
„Nun", sagte sie zu sich selbst
"اچھا "اس نے اپنے آپ سے کہا
„Ich sehe, das Biest wird meine Zeit nicht verstreichen lassen"
"میں دیکھ رہا ہوں کہ درندہ میرا وقت بھاری نہیں ہونے دے گا "
dann dachte sie über ihre Situation nach
پھر اس نے اپنی صورت حال کے بارے میں سوچا۔

„Wenn ich einen Tag bleiben sollte, wäre das alles nicht hier"

"اگر میں ایک دن ٹھہرنا چاہتا تو یہ سب یہاں نہ ہوتا "

diese Überlegung gab ihr neuen Mut

اس غور و فکر نے اسے تازہ ہمت سے متاثر کیا۔

und sie nahm ein Buch aus ihrer neuen Bibliothek

اور اس نے اپنی نئی لائبریری سے ایک کتاب لی

und sie las diese Worte in goldenen Buchstaben:

اور اس نے یہ الفاظ سنہری حروف میں پڑھے :

„Begrüße Schönheit, vertreibe die Angst"

"خوبصورتی کو خوش آمدید، خوف کو دور کریں "

„Du bist hier Königin und Herrin"

"آپ یہاں ملکہ اور مالکن ہیں "

„Sprich deine Wünsche aus, sprich deinen Willen aus"

"اپنی مرضی بولو، اپنی مرضی بولو "

„Schneller Gehorsam begegnet hier Ihren Wünschen"

"تیز فرمانبرداری یہاں آپ کی خواہشات کو پورا کرتی ہے "

"Ach", sagte sie mit einem Seufzer

"افسوس "اس نے ایک آہ بھرتے ہوئے کہا

„Am meisten wünsche ich mir, meinen armen Vater zu sehen"

"سب سے زیادہ میں اپنے غریب والد کو دیکھنا چاہتا ہوں "

„und ich würde gerne wissen, was er tut"

"اور میں جاننا چاہوں گا کہ وہ کیا کر رہا ہے "

Kaum hatte sie das gesagt, bemerkte sie den Spiegel

یہ کہتے ہی اس کی نظر آئینے پر پڑی۔

zu ihrem großen Erstaunen sah sie ihr eigenes Zuhause im Spiegel

حیرت سے اس نے آئینے میں اپنا گھر دیکھا

Ihr Vater kam emotional erschöpft an

اس کے والد جذباتی طور پر تھکے ہوئے پہنچے

Ihre Schwestern gingen ihm entgegen

اس کی بہنیں اس سے ملنے گئیں۔

trotz ihrer Versuche, traurig zu wirken, war ihre Freude sichtbar

غمگین ظاہر ہونے کی کوشش کے باوجود ان کی خوشی نظر آ رہی تھی۔

einen Moment später war alles verschwunden

ایک لمحے کے بعد سب کچھ غائب ہو گیا

und auch die Befürchtungen der Schönheit verschwanden

اور خوبصورتی کے خدشات بھی ختم ہو گئے۔

denn sie wusste, dass sie dem Tier vertrauen konnte

کیونکہ وہ جانتی تھی کہ وہ اس جانور پر بھروسہ کر سکتی ہے۔

Mittags fand sie das Abendessen fertig

دوپہر کو اسے رات کا کھانا تیار پایا

sie setzte sich an den Tisch

وہ خود میز پر بیٹھ گیا

und sie wurde mit einem Musikkonzert unterhalten

اور وہ موسیقی کے کنسرٹ سے محظوظ ہوئی تھی۔

obwohl sie niemanden sehen konnte

حالانکہ وہ کسی کو نہیں دیکھ سکتی تھی۔

abends setzte sie sich wieder zum Abendessen

رات کو وہ دوبارہ کھانے کے لیے بیٹھ گئی۔

diesmal hörte sie das Geräusch, das das Tier machte

اس بار اس نے جانور کی آواز سنی

und sie konnte nicht anders, als Angst zu haben

اور وہ خوفزدہ ہو کر مدد نہیں کر سکتی تھی۔

"Schönheit", sagte das Monster

"خوبصورتی، "عفریت نے کہا

"erlaubst du mir, mit dir zu essen?"

"کیا تم مجھے اپنے ساتھ کھانے کی اجازت دیتے ہو؟ "

"Mach, was du willst", antwortete die Schönheit zitternd

"جو مرضی کرو "خوبصورتی نے کانپتے ہوئے جواب دیا۔

„Nein", antwortete das Tier

"نہیں، "جانور نے جواب دیا

„Du allein bist hier die Herrin"

"یہاں تم اکیلی مالکن ہو "

„Sie können mich wegschicken, wenn ich Ärger mache"

"اگر میں پریشان ہوں تو آپ مجھے بھیج سکتے ہیں "

„schick mich fort, und ich werde mich sofort zurückziehen"

"مجھے بھیج دو میں فوراً واپس چلا جاؤں گا "

„Aber sagen Sie mir: Finden Sie mich nicht sehr hässlich?"

"لیکن، بتاؤ، کیا تمہیں نہیں لگتا کہ میں بہت بدصورت ہوں؟ "

„Das stimmt", sagte die Schönheit

"یہ سچ ہے، ''خوبصورتی نے کہا

„Ich kann nicht lügen"

"میں جھوٹ نہیں بول سکتا "

„aber ich glaube, Sie sind sehr gutmütig"

"لیکن مجھے یقین ہے کہ تم بہت اچھی طبیعت کے ہو "

„Das bin ich tatsächlich", sagte das Monster

"میں واقعی ہوں، "عفریت نے کہا

„Aber abgesehen von meiner Hässlichkeit habe ich auch keinen Verstand"

"لیکن میری بدصورتی کے علاوہ مجھے کوئی عقل بھی نہیں ہے "

„Ich weiß sehr wohl, dass ich ein dummes Wesen bin"

"میں اچھی طرح جانتا ہوں کہ میں ایک پاگل مخلوق ہوں "

„Es ist kein Zeichen von Torheit, so zu denken", antwortete die Schönheit

''ایسا سوچنا حماقت کی علامت نہیں ہے، ''خوبصورتی نے جواب دیا۔

„Dann iss, Schönheit", sagte das Monster

"پھر کھاؤ، خوبصورتی، "عفریت نے کہا

„Versuchen Sie, sich in Ihrem Palast zu amüsieren"

"اپنے محل میں اپنے آپ کو تفریح کرنے کی کوشش کریں "

"alles hier gehört dir"

"یہاں سب کچھ تمہارا ہے "

„Und ich wäre sehr unruhig, wenn Sie nicht glücklich wären"

"اور اگر آپ خوش نہ ہوں تو میں بہت پریشان ہوں گا "

„Sie sind sehr zuvorkommend", antwortete die Schönheit

خوبصورتی نے جواب دیا" آپ بہت پابند ہیں "

„Ich gebe zu, ich freue mich über Ihre Freundlichkeit"

"میں تسلیم کرتا ہوں کہ میں آپ کی مہربانی سے خوش ہوں "

„Und wenn ich über deine Freundlichkeit nachdenke, fallen mir deine Missbildungen kaum auf"

"اور جب میں آپ کی مہربانیوں پر غور کرتا ہوں تو مجھے آپ کی خرابیوں پر نظر نہیں آتی "

„Ja, ja", sagte das Tier, „mein Herz ist gut

"ہاں، ہاں، "جانور نے کہا،" میرا دل اچھا ہے۔

„Aber obwohl ich gut bin, bin ich immer noch ein Monster"

"لیکن اگرچہ میں اچھا ہوں، میں اب بھی ایک عفریت ہوں "

„Es gibt viele Männer, die diesen Namen mehr verdienen als Sie."

"بہت سے مرد ہیں جو اس نام کے تم سے زیادہ مستحق ہیں "

„und ich bevorzuge dich, so wie du bist"

"اور میں تمہیں ویسے ہی ترجیح دیتا ہوں جیسے تم ہو "

„und ich ziehe dich denen vor, die ein undankbares Herz verbergen"

"اور میں تمہیں ناشکرے دل کو چھپانے والوں سے زیادہ پسند کرتا ہوں "

"Wenn ich nur etwas Verstand hätte", antwortete das Biest

"کاش میں کچھ سمجھ پاتا "جانور نے جواب دیا۔

„Wenn ich vernünftig wäre, würde ich Ihnen als Dank ein schönes Kompliment machen"

"اگر مجھے احساس ہوتا تو میں آپ کا شکریہ ادا کرنے کے لیے اچھی

" تعریف کروں گا "
"aber ich bin so langweilig"
"لیکن میں بہت بیوقوف ہوں "
„Ich kann nur sagen, dass ich Ihnen zu großem Dank verpflichtet bin"
"میں صرف اتنا کہہ سکتا ہوں کہ میں آپ کا بہت پابند ہوں "
Schönheit aß ein herzhaftes Abendessen
خوبصورتی نے ایک دلکش رات کا کھانا کھایا
und sie hatte ihre Angst vor dem Monster fast überwunden
اور اس نے عفریت سے اپنے خوف پر تقریباً فتح حاصل کر لی تھی۔
aber sie wollte ohnmächtig werden, als das Biest ihr die nächste Frage stellte
لیکن وہ بیہوش ہو جانا چاہتی تھی جب درندے نے اس سے اگلا سوال پوچھا
"Schönheit, willst du meine Frau werden?"
"خوبصورتی، کیا تم میری بیوی بنو گی؟ "
es dauerte eine Weile, bis sie antworten konnte
اس نے کچھ وقت لیا اس سے پہلے کہ وہ جواب دے سکے۔
weil sie Angst hatte, ihn wütend zu machen
کیونکہ وہ اسے ناراض کرنے سے ڈرتی تھی۔
Schließlich sagte sie jedoch "nein, Biest"
تاہم، آخر میں، اس نے کہا" نہیں، جانور "
sofort zischte das arme Monster ganz fürchterlich
فوراً ہی غریب عفریت نے بہت خوفناک انداز میں کہا
und der ganze Palast hallte
اور پورا محل گونج اٹھا
aber die Schönheit erholte sich bald von ihrem Schrecken
لیکن خوبصورتی جلد ہی اس کے خوف سے نکل گئی۔
denn das Tier sprach wieder mit trauriger Stimme
کیونکہ جانور نے ایک بار پھر ماتمی آواز میں کہا
„Dann leb wohl, Schönheit"

"پھر الوداع، خوبصورتی "

und er drehte sich nur ab und zu um

اور وہ صرف اب اور پھر واپس مڑ گیا۔

um sie anzusehen, als er hinausging

جب وہ باہر گیا تو اسے دیکھنے کے لیے

jetzt war die Schönheit wieder allein

اب خوبصورتی پھر اکیلی تھی۔

Sie empfand großes Mitgefühl

اس نے بہت ہمدردی محسوس کی۔

„Ach, es ist tausendmal schade"

"افسوس، یہ ہزار افسوس ہے "

„Etwas, das so gutmütig ist, sollte nicht so hässlich sein"

"کوئی بھی چیز اتنی اچھی طبیعت کی اتنی بدصورت نہیں ہونی چاہیے "

Schönheit verbrachte drei Monate sehr zufrieden im Palast

خوبصورتی نے محل میں تین مہینے بہت اطمینان سے گزارے۔

jeden Abend stattete ihr das Biest einen Besuch ab

ہر شام حیوان اسے ملنے جاتا تھا۔

und sie redeten beim Abendessen

اور وہ رات کے کھانے کے دوران بات کرتے تھے۔

Sie sprachen mit gesundem Menschenverstand

انہوں نے عقل سے بات کی۔

aber sie sprachen nicht mit dem, was man als geistreich bezeichnet

لیکن انہوں نے اس کے ساتھ بات نہیں کی جسے لوگ گواہی کہتے ہیں۔

Schönheit entdeckte immer einen wertvollen Charakter im Biest

خوبصورتی نے ہمیشہ حیوان میں کچھ قیمتی کردار تلاش کیا۔

und sie hatte sich an seine Missbildung gewöhnt

اور وہ اس کی خرابی کی عادی ہو چکی تھی۔

sie fürchtete sich nicht mehr vor seinem Besuch

وہ اب اس کے دورے کے وقت سے خوفزدہ نہیں تھی۔

jetzt schaute sie oft auf die Uhr

اب وہ اکثر اپنی گھڑی کو دیکھتی تھی۔

und sie konnte es kaum erwarten, bis es neun Uhr war

اور وہ نو بجنے کا انتظار نہیں کر سکتی تھی۔

denn das Tier kam immer zu dieser Stunde

کیونکہ حیوان نے کبھی بھی اس وقت آنا نہیں چھوڑا تھا۔

Es gab nur eine Sache, die Schönheit betraf

صرف ایک چیز تھی جو خوبصورتی سے متعلق تھی۔

jeden Abend, bevor sie ins Bett ging, stellte ihr das Biest die gleiche Frage

ہر رات سونے سے پہلے درندے نے اس سے یہی سوال کیا۔

Das Monster fragte sie, ob sie seine Frau werden wolle

عفریت نے اس سے پوچھا کہ کیا وہ اس کی بیوی ہوگی؟

Eines Tages sagte sie zu ihm: „Biest, du machst mir große Sorgen."

ایک دن اس نے اس سے کہا، "جانور، تم مجھے بہت پریشان کرتے ہو "

„Ich wünschte, ich könnte einwilligen, dich zu heiraten"

"کاش میں تم سے شادی کے لیے راضی ہو جاؤں "

„Aber ich bin zu aufrichtig, um dir zu glauben zu machen, dass ich dich heiraten würde"

"لیکن میں آپ کو یقین دلانے کے لیے بہت مخلص ہوں کہ میں آپ سے شادی کروں گا "

„Unsere Ehe wird nie stattfinden"

"ہماری شادی کبھی نہیں ہوگی "

„Ich werde dich immer als Freund sehen"

"میں تمہیں ہمیشہ ایک دوست کے طور پر دیکھوں گا "

„Bitte versuchen Sie, damit zufrieden zu sein"

"براہ کرم اس سے مطمئن ہونے کی کوشش کریں "

„Damit muss ich zufrieden sein", sagte das Tier

"مجھے اس سے مطمئن ہونا چاہیے، "جانور نے کہا

„Ich kenne mein eigenes Unglück"

"میں اپنی بدقسمتی جانتا ہوں "
„aber ich liebe dich mit der zärtlichsten Zuneigung"
"لیکن میں تم سے سب سے زیادہ پیار سے پیار کرتا ہوں "
„Ich sollte mich jedoch als glücklich betrachten"
"تاہم، مجھے خود کو خوش سمجھنا چاہیے "
"und ich würde mich freuen, wenn du hier bleibst"
"اور مجھے خوش ہونا چاہیے کہ تم یہیں رہو گے۔ "
„versprich mir, mich nie zu verlassen"
"مجھ سے وعدہ کرو کہ مجھے کبھی نہیں چھوڑوں گا "
Schönheit errötete bei diesen Worten
خوبصورتی ان الفاظ پر شرما گئی۔
Eines Tages schaute die Schönheit in ihren Spiegel
ایک دن خوبصورتی اپنے آئینے میں دیکھ رہی تھی۔
ihr Vater hatte sich schreckliche Sorgen um sie gemacht
اس کے والد نے اس کے لیے خود کو بیمار کرنے کی فکر کی تھی۔
sie sehnte sich mehr denn je danach, ihn wiederzusehen
وہ اسے پہلے سے کہیں زیادہ دوبارہ دیکھنے کی خواہش رکھتی تھی۔
„Ich könnte versprechen, dich nie ganz zu verlassen"
"میں وعدہ کر سکتا ہوں کہ آپ کو کبھی نہیں چھوڑوں گا "
„aber ich habe so ein großes Verlangen, meinen Vater zu sehen"
"لیکن مجھے اپنے والد سے ملنے کی بہت خواہش ہے "
„Ich wäre unendlich verärgert, wenn Sie nein sagen würden"
"اگر آپ نہیں کہتے تو میں ناممکن طور پر پریشان ہو جاؤں گا "
"Ich würde lieber selbst sterben", sagte das Monster
عفریت نے کہا،" میں خود مرنا چاہتا تھا۔
„Ich würde lieber sterben, als dir Unbehagen zu bereiten"
"میں تمہیں بے چینی محسوس کرنے کے بجائے مرنا پسند کروں گا "
„Ich werde dich zu deinem Vater schicken"
"میں تمہیں تمہارے باپ کے پاس بھیج دوں گا "

„Du sollst bei ihm bleiben"

"تم اس کے ساتھ رہو گے "

"und dieses unglückliche Tier wird stattdessen vor Kummer sterben"

"اور یہ بدقسمت درندہ اس کے بجائے غم سے مر جائے گا "

"Nein", sagte die Schönheit weinend

"نہیں" خوبصورتی نے روتے ہوئے کہا

„Ich liebe dich zu sehr, um die Ursache deines Todes zu sein"

"میں تم سے اتنی محبت کرتا ہوں کہ تمہاری موت کا سبب بنوں "

„Ich verspreche Ihnen, in einer Woche wiederzukommen"

"میں تمہیں ایک ہفتے میں واپس آنے کا وعدہ کرتا ہوں "

„Du hast mir gezeigt, dass meine Schwestern verheiratet sind"

"تم نے مجھے دکھایا کہ میری بہنیں شادی شدہ ہیں "

„und meine Brüder sind zur Armee gegangen"

"اور میرے بھائی فوج میں گئے ہیں "

"Lass mich eine Woche bei meinem Vater bleiben, da er allein ist"

"مجھے اپنے والد کے ساتھ ایک ہفتہ رہنے دو، کیونکہ وہ اکیلے ہیں "

"Morgen früh wirst du dort sein", sagte das Tier

"تم کل صبح وہاں ہو، "جانور نے کہا

„Aber denk an dein Versprechen"

"لیکن اپنا وعدہ یاد رکھنا "

„Sie brauchen Ihren Ring nur auf den Tisch zu legen, bevor Sie zu Bett gehen."

"آپ کو سونے سے پہلے صرف اپنی انگوٹھی میز پر رکھنا ہے "

"Und dann werdet ihr vor dem Morgen zurückgebracht"

"اور پھر تمہیں صبح سے پہلے واپس لایا جائے گا "

„Lebe wohl, liebe Schönheit", seufzte das Tier

"الوداعی پیاری خوبصورتی، "جانور نے آہ بھری۔

Die Schönheit ging an diesem Abend sehr traurig ins Bett
خوبصورتی اس رات بہت اداس بستر پر چلی گئی۔
weil sie das Tier nicht so besorgt sehen wollte
کیونکہ وہ جانور کو اتنا پریشان نہیں دیکھنا چاہتی تھی۔
am nächsten Morgen fand sie sich im Haus ihres Vaters wieder
اگلی صبح اس نے خود کو اپنے والد کے گھر پایا
sie läutete eine kleine Glocke neben ihrem Bett
اس نے اپنے پلنگ کے پاس ایک چھوٹی گھنٹی بجائی
und das Dienstmädchen stieß einen lauten Schrei aus
اور نوکرانی نے ایک زوردار چیخ ماری۔
und ihr Vater rannte nach oben
اور اس کا باپ اوپر بھاگا۔
er dachte, er würde vor Freude sterben
اس نے سوچا کہ وہ خوشی سے مرنے والا ہے۔
er hielt sie eine Viertelstunde lang in seinen Armen
اس نے چوتھائی گھنٹے تک اسے اپنی بانہوں میں پکڑے رکھا
irgendwann waren die ersten Grüße vorbei
آخرکار پہلا سلام ختم ہوا۔
Schönheit begann daran zu denken, aus dem Bett zu steigen
خوبصورتی بستر سے اٹھنے کا سوچنے لگی
aber sie merkte, dass sie keine Kleidung mitgebracht hatte
لیکن اسے احساس ہوا کہ وہ کپڑے نہیں لائی تھی۔
aber das Dienstmädchen sagte ihr, sie habe eine Kiste gefunden
لیکن نوکرانی نے اسے بتایا کہ اسے ایک ڈبہ ملا ہے۔
der große Koffer war voller Kleider und Kleider
بڑا ٹرنک گاؤن اور لباس سے بھرا ہوا تھا۔
jedes Kleid war mit Gold und Diamanten bedeckt
ہر گاؤن سونے اور ہیروں سے ڈھکا ہوا تھا۔
Schönheit dankte dem Tier für seine freundliche Pflege

خوبصورتی نے اپنی قسم کی دیکھ بھال کے لئے جانور کا شکریہ ادا کیا۔

und sie nahm eines der schlichtesten Kleider
اور اس نے سادہ ترین لباس میں سے ایک لے لیا۔

Die anderen Kleider wollte sie ihren Schwestern schenken
اس نے دوسرے کپڑے اپنی بہنوں کو دینے کا ارادہ کیا۔

aber bei diesem Gedanken verschwand die Kleidertruhe
لیکن یہ سوچتے ہی کپڑوں کا سینہ غائب ہو گیا۔

Das Biest hatte darauf bestanden, dass die Kleidung nur für sie sei
جانور نے اصرار کیا تھا کہ کپڑے صرف اس کے لیے ہیں۔

ihr Vater sagte ihr, dass dies der Fall sei
اس کے والد نے اسے بتایا کہ یہ معاملہ تھا۔

und sofort kam die Kleidertruhe wieder zurück
اور فوراً ہی کپڑوں کا ٹرنک دوبارہ واپس آ گیا۔

Schönheit kleidete sich mit ihren neuen Kleidern
خوبصورتی نے خود کو اپنے نئے کپڑوں سے سجایا

und in der Zwischenzeit gingen die Mägde los, um ihre Schwestern zu finden
اور اس دوران لونڈیاں اپنی بہنوں کو ڈھونڈنے چلی گئیں۔

Ihre beiden Schwestern waren mit ihren Ehemännern
اس کی دونوں بہنیں اپنے شوہروں کے ساتھ تھیں۔

aber ihre beiden Schwestern waren sehr unglücklich
لیکن اس کی دونوں بہنیں بہت ناخوش تھیں۔

Ihre älteste Schwester hatte einen sehr gutaussehenden Herrn geheiratet
اس کی سب سے بڑی بہن نے ایک بہت ہی خوبصورت شریف آدمی سے شادی کی تھی۔

aber er war so selbstgefällig, dass er seine Frau vernachlässigte
لیکن وہ اپنے آپ کو اتنا پسند کرتا تھا کہ اس نے اپنی بیوی کو نظر انداز

کیا۔

Ihre zweite Schwester hatte einen geistreichen Mann geheiratet

اس کی دوسری بہن نے ایک ذہین آدمی سے شادی کی تھی۔

aber er nutzte seinen Witz, um die Leute zu quälen

لیکن اس نے لوگوں کو اذیت دینے کے لیے اپنی گواہی کا استعمال کیا۔

und am meisten quälte er seine Frau

اور اس نے اپنی بیوی کو سب سے زیادہ اذیت دی۔

Die Schwestern der Schönheit sahen sie wie eine Prinzessin gekleidet

خوبصورتی کی بہنوں نے اسے شہزادی کی طرح ملبوس دیکھا

und sie waren krank vor Neid

اور وہ حسد سے بیمار تھے۔

jetzt war sie schöner als je zuvor

اب وہ پہلے سے زیادہ خوبصورت تھی۔

ihr liebevolles Verhalten konnte ihre Eifersucht nicht unterdrücken

اس کا پیار بھرا رویہ ان کے حسد کو ختم نہ کر سکا

Sie erzählte ihnen, wie glücklich sie mit dem Tier war

اس نے انہیں بتایا کہ وہ اس جانور سے کتنی خوش ہے۔

und ihre Eifersucht war kurz vor dem Platzen

اور ان کی حسد پھٹنے کو تیار تھی۔

Sie gingen in den Garten, um über ihr Unglück zu weinen

وہ اپنی بدقسمتی پر رونے کے لیے باغ میں اتر گئے۔

„Inwiefern ist dieses kleine Geschöpf besser als wir?"

"یہ چھوٹی مخلوق ہم سے کس لحاظ سے بہتر ہے؟ "

„Warum sollte sie so viel glücklicher sein?"

"وہ اتنی زیادہ خوش کیوں ہو؟ "

„Schwester", sagte die ältere Schwester

''بہن، ''بڑی بہن نے کہا

„Mir ist gerade ein Gedanke gekommen"

"میرے دماغ میں ابھی ایک خیال آیا "
„Versuchen wir, sie länger als eine Woche hier zu behalten"
"آئیے اسے ایک ہفتے سے زیادہ یہاں رکھنے کی کوشش کریں "
„Vielleicht macht das das dumme Monster wütend"
"شاید یہ پاگل عفریت کو مشتعل کرے گا "
„weil sie ihr Wort gebrochen hätte"
"کیونکہ اس نے اپنا لفظ توڑ دیا ہوگا "
"und dann könnte er sie verschlingen"
"اور پھر وہ اسے کھا سکتا ہے "
"Das ist eine tolle Idee", antwortete die andere Schwester
"یہ بہت اچھا خیال ہے، "دوسری بہن نے جواب دیا۔
„Wir müssen ihr so viel Freundlichkeit wie möglich entgegenbringen"
"ہمیں اس سے زیادہ سے زیادہ مہربانی کا مظاہرہ کرنا چاہیے "
Die Schwestern fassten den Entschluss
بہنوں نے اس کو اپنا قرار دیا۔
und sie verhielten sich sehr liebevoll gegenüber ihrer Schwester
اور وہ اپنی بہن کے ساتھ بہت پیار سے پیش آئے
Die arme Schönheit weinte vor Freude über all ihre Freundlichkeit
غریب خوبصورتی اپنی تمام مہربانیوں سے خوشی کے لیے رو پڑی۔
Als die Woche um war, weinten sie und rauften sich die Haare
جب ہفتہ ختم ہو گیا تو وہ روئے اور اپنے بال پھاڑ ڈالے۔
es schien ihnen so leid zu tun, sich von ihr zu trennen
وہ اس کے ساتھ الگ ہونے کے لئے بہت افسوسناک لگ رہے تھے
und die Schönheit versprach, noch eine Woche länger zu bleiben
اور خوبصورتی نے ایک ہفتہ مزید رہنے کا وعدہ کیا۔
In der Zwischenzeit konnte die Schönheit nicht umhin, über

sich selbst nachzudenken

اس دوران، خوبصورتی خود پر غور کرنے میں مدد نہیں کر سکی

sie machte sich Sorgen darüber, was sie dem armen Tier antat

وہ پریشان تھی کہ وہ غریب جانور کے ساتھ کیا کر رہی ہے۔

Sie wusste, dass sie ihn aufrichtig liebte

وہ جانتی ہے کہ وہ اس سے سچے دل سے پیار کرتی تھی۔

und sie sehnte sich wirklich danach, ihn wiederzusehen

اور وہ واقعی میں اسے دوبارہ دیکھنے کی خواہشمند تھی۔

Auch die zehnte Nacht verbrachte sie bei ihrem Vater

دسویں رات اس نے اپنے والد کے پاس بھی گزاری۔

sie träumte, sie sei im Schlossgarten

اس نے خواب میں دیکھا کہ وہ محل کے باغ میں ہے۔

und sie träumte, sie sähe das Tier ausgestreckt im Gras liegen

اور اس نے خواب میں دیکھا کہ اس جانور کو گھاس پر پھیلا ہوا ہے۔

er schien ihr mit sterbender Stimme Vorwürfe zu machen

وہ مرتی ہوئی آواز میں اسے ملامت کرتا دکھائی دیا۔

und er warf ihr Undankbarkeit vor

اور اس نے اس پر ناشکری کا الزام لگایا

Schönheit erwachte aus ihrem Schlaf

خوبصورتی نیند سے بیدار ہو گئی۔

und sie brach in Tränen aus

اور وہ رو پڑی۔

„Bin ich nicht sehr böse?"

"کیا میں بہت برا نہیں ہوں؟ "

„War es nicht grausam von mir, so unfreundlich gegenüber dem Tier zu sein?"

"کیا یہ مجھ پر ظلم نہیں تھا کہ میں اس درندے کے ساتھ اس قدر بے رحمی سے پیش آؤں؟ "

„Das Biest hat alles getan, um mir zu gefallen"

"حیوان نے مجھے خوش کرنے کے لیے سب کچھ کیا "
"Ist es seine Schuld, dass er so hässlich ist?"
" کیا اس کا قصور ہے کہ وہ اتنا بدصورت ہے؟ "
„Ist es seine Schuld, dass er so wenig Verstand hat?"
"کیا اس کا قصور یہ ہے کہ اس کی عقل اتنی کم ہے؟ "
„Er ist freundlich und gut, und das genügt"
"وہ مہربان اور اچھا ہے اور یہی کافی ہے "
„Warum habe ich mich geweigert, ihn zu heiraten?"
"میں نے اس سے شادی سے انکار کیوں کیا؟"
„Ich sollte mit dem Monster glücklich sein"
"مجھے راکشس سے خوش ہونا چاہئے "
„Schau dir die Männer meiner Schwestern an"
"میری بہنوں کے شوہروں کو دیکھو "
„Weder Witz noch Schönheit machen sie gut"
"نہ گواہی اور نہ ہی خوبصورت ہونا انہیں اچھا بناتا ہے "
„Keiner ihrer Ehemänner macht sie glücklich"
"ان کے شوہروں میں سے کوئی بھی انہیں خوش نہیں کرتا "
„sondern Tugend, Sanftmut und Geduld"
"لیکن نیکی، مزاج کی مٹھاس، اور صبر "
„Diese Dinge machen eine Frau glücklich"
"یہ چیزیں عورت کو خوش کرتی ہیں "
„und das Tier hat all diese wertvollen Eigenschaften"
"اور حیوان میں یہ تمام قیمتی خصوصیات ہیں "
„es ist wahr, ich empfinde keine Zärtlichkeit und Zuneigung für ihn"
"یہ سچ ہے؛ مجھے اس کے لیے پیار کی نرمی محسوس نہیں ہوتی "
„aber ich empfinde für ihn die allergrößte Dankbarkeit"
"لیکن مجھے لگتا ہے کہ میں اس کے لئے سب سے زیادہ شکر گزار ہوں "
„und ich habe die höchste Wertschätzung für ihn"
"اور میں اس کی سب سے زیادہ عزت کرتا ہوں "

"und er ist mein bester Freund"

"اور وہ میرا سب سے اچھا دوست ہے "

„Ich werde ihn nicht unglücklich machen"

"میں اسے دکھی نہیں کروں گا "

„Wenn ich so undankbar wäre, würde ich mir das nie verzeihen"

"اگر میں اتنا ہی ناشکرا ہوتا تو میں خود کو کبھی معاف نہ کرتا "

Schönheit legte ihren Ring auf den Tisch

خوبصورتی نے اپنی انگوٹھی میز پر رکھ دی۔

und sie ging wieder zu Bett

اور وہ دوبارہ بستر پر چلا گیا

kaum war sie im Bett, da schlief sie ein

وہ سونے سے پہلے بستر پر کم ہی تھی۔

Sie wachte am nächsten Morgen wieder auf

وہ اگلی صبح دوبارہ اٹھی۔

und sie war überglücklich, sich im Palast des Tieres wiederzufinden

اور وہ اپنے آپ کو درندے کے محل میں پا کر بہت خوش تھی۔

Sie zog eines ihrer schönsten Kleider an, um ihm zu gefallen

اس نے اسے خوش کرنے کے لیے اپنا ایک بہترین لباس پہنا۔

und sie wartete geduldig auf den Abend

اور وہ صبر سے شام کا انتظار کرنے لگی

kam die ersehnte Stunde

آخرکار مطلوبہ گھڑی آ گئی ۔

die Uhr schlug neun, doch kein Tier erschien

گھڑی کے نو بج رہے تھے، پھر بھی کوئی جانور نظر نہیں آیا

Schönheit befürchtete dann, sie sei die Ursache seines Todes gewesen

خوبصورتی کو پھر خوف ہوا کہ وہ اس کی موت کا سبب بن گئی ہے۔

Sie rannte weinend durch den ganzen Palast

وہ محل کے چاروں طرف روتی ہوئی بھاگی۔

nachdem sie ihn überall gesucht hatte, erinnerte sie sich an ihren Traum

ہر جگہ اسے ڈھونڈنے کے بعد اسے اپنا خواب یاد آیا

und sie rannte zum Kanal im Garten

اور وہ باغ میں نہر کی طرف بھاگی۔

Dort fand sie das arme Tier ausgestreckt

وہاں اس نے غریب درندہ کو پھیلا ہوا پایا

und sie war sicher, dass sie ihn getötet hatte

اور اسے یقین تھا کہ اس نے اسے مار ڈالا ہے۔

sie warf sich ohne Furcht auf ihn

اس نے بغیر کسی خوف کے اپنے آپ کو اس پر پھینک دیا۔

sein Herz schlug noch

اس کا دل اب بھی دھڑک رہا تھا

sie holte etwas Wasser aus dem Kanal

وہ نہر سے پانی لے کر آئی

und sie goss das Wasser über seinen Kopf

اور اس نے پانی اس کے سر پر انڈیل دیا۔

Das Tier öffnete seine Augen und sprach mit der Schönheit

جانور نے اپنی آنکھیں کھولیں اور خوبصورتی سے بات کی۔

„Du hast dein Versprechen vergessen"

"تم اپنا وعدہ بھول گئے "

„Es hat mir das Herz gebrochen, dich verloren zu haben"

"تمہیں کھو کر میرا دل بہت ٹوٹا تھا "

„Ich beschloss, zu hungern"

"میں نے خود کو بھوکا رہنے کا فیصلہ کیا "

„aber ich habe das Glück, Sie wiederzusehen"

"لیکن مجھے آپ کو ایک بار پھر دیکھ کر خوشی ہوئی ہے "

„so habe ich das Vergnügen, zufrieden zu sterben"

"تو مجھے اطمینان سے مرنے کی خوشی ہے "

„Nein, liebes Tier", sagte die Schönheit, „du darfst nicht sterben"

"نہیں، پیارے جانور، "خوبصورتی نے کہا، " تمہیں نہیں مرنا چاہیے "
„Lebe, um mein Ehemann zu sein"
"میرے شوہر بننے کے لیے جیو "
„Von diesem Augenblick an reiche ich dir meine Hand"
"اس لمحے سے میں آپ کو اپنا ہاتھ دیتا ہوں "
„und ich schwöre, niemand anderes als Dein zu sein"
"اور میں قسم کھاتا ہوں کہ آپ کے سوا کوئی نہیں ہوں "
„Ach! Ich dachte, ich hätte nur Freundschaft für dich."
"افسوس !میں نے سوچا کہ میری صرف تم سے دوستی ہے "
"aber der Kummer, den ich jetzt fühle, überzeugt mich;"
"لیکن اب میں جو غم محسوس کرتا ہوں وہ مجھے یقین دلاتا ہے۔ "
„Ich kann nicht ohne dich leben"
"میں تمہارے بغیر نہیں رہ سکتا "
Schönheit hatte diese Worte kaum gesagt, als sie ein Licht sah
خوبصورتی قلیل نے روشنی دیکھ کر یہ الفاظ کہے تھے۔
der Palast funkelte im Licht
محل روشنی سے جگمگا اٹھا
Feuerwerk erleuchtete den Himmel
آتش بازی نے آسمان کو جگمگا دیا۔
und die Luft erfüllt mit Musik
اور ہوا موسیقی سے بھری ہوئی تھی۔
alles kündigte ein großes Ereignis an
ہر چیز نے کسی عظیم واقعہ کا نوٹس دیا۔
aber nichts konnte ihre Aufmerksamkeit fesseln
لیکن کچھ بھی اس کی توجہ نہیں روک سکا
sie wandte sich ihrem lieben Tier zu
وہ اپنے پیارے جانور کی طرف متوجہ ہوئی۔
das Tier, vor dem sie vor Angst zitterte
وہ جانور جس کے لیے وہ خوف سے کانپ رہی تھی۔
aber ihre Überraschung über das, was sie sah, war groß!

لیکن جو کچھ اس نے دیکھا اس پر اس کی حیرت بہت تھی !

das Tier war verschwunden

جانور غائب ہو گیا تھا

stattdessen sah sie den schönsten Prinzen

اس کے بجائے اس نے سب سے پیارا شہزادہ دیکھا

sie hatte den Zauber beendet

اس نے جادو کو ختم کر دیا تھا

ein Zauber, unter dem er einem Tier ähnelte

ایک جادو جس کے تحت وہ ایک جانور سے مشابہت رکھتا تھا۔

dieser Prinz war all ihre Aufmerksamkeit wert

یہ شہزادہ اس کی پوری توجہ کے لائق تھا۔

aber sie konnte nicht anders und musste fragen, wo das Biest war

لیکن وہ مدد نہیں کر سکتی تھی لیکن پوچھتی تھی کہ وہ حیوان کہاں تھا۔

„Du siehst ihn zu deinen Füßen", sagte der Prinz

"آپ اسے اپنے قدموں میں دیکھتے ہیں، "شہزادے نے کہا

„Eine böse Fee hatte mich verdammt"

"ایک شریر پری نے میری مذمت کی تھی "

„Ich sollte diese Gestalt behalten, bis eine wunderschöne Prinzessin einwilligte, mich zu heiraten."

"مجھے اسی شکل میں رہنا تھا جب تک کہ ایک خوبصورت شہزادی مجھ سے شادی کرنے پر راضی نہ ہو جائے "

„Die Fee hat mein Verständnis verborgen"

"پری نے میری سمجھ چھپائی"

„Du warst der Einzige, der großzügig genug war, um von meiner guten Laune bezaubert zu sein."

"میرے مزاج کی بھلائی سے متاثر ہونے کے لیے آپ ہی واحد سخی تھے "

Schönheit war angenehm überrascht

خوبصورتی خوشی سے حیران تھی

und sie gab dem bezaubernden Prinzen ihre Hand
اور اس نے دلکش شہزادے کو اپنا ہاتھ دیا۔

Sie gingen zusammen ins Schloss
وہ ایک ساتھ محل میں چلے گئے۔

und die Schöne war überglücklich, ihren Vater im Schloss zu finden
اور خوبصورتی اپنے والد کو محل میں پا کر بہت خوش تھی۔

und ihre ganze Familie war auch da
اور اس کا پورا خاندان بھی وہاں موجود تھا۔

sogar die schöne Dame, die in ihrem Traum erschienen war, war da
یہاں تک کہ وہ خوبصورت عورت جو اس کے خواب میں نظر آئی

"Schönheit", sagte die Dame aus dem Traum
"خوبصورتی، "خواب سے خاتون نے کہا

„Komm und empfange deine Belohnung"
"آؤ اور اپنا انعام حاصل کرو "

„Sie haben die Tugend dem Witz oder dem Aussehen vorgezogen"
"تم نے فضیلت کو عقل یا شکل پر ترجیح دی ہے "

„und Sie verdienen jemanden, in dem diese Eigenschaften vereint sind"
"اور آپ کسی ایسے شخص کے مستحق ہیں جس میں یہ خوبیاں یکجا ہوں "

„Du wirst eine großartige Königin sein"
"آپ ایک عظیم ملکہ بننے والی ہیں "

„Ich hoffe, der Thron wird deine Tugend nicht schmälern"
"مجھے امید ہے کہ تخت آپ کی فضیلت کو کم نہیں کرے گا "

Dann wandte sich die Fee an die beiden Schwestern
پھر پری دونوں بہنوں کی طرف متوجہ ہوئی۔

„Ich habe in eure Herzen geblickt"
"میں نے تمہارے دلوں میں دیکھا ہے "

„und ich kenne die ganze Bosheit, die in euren Herzen steckt“

"اور میں جانتا ہوں کہ تمہارے دلوں میں جو بغض ہے "

„Ihr beide werdet zu Statuen“

"تم دونوں مجسمے بن جاؤ گے"

„Aber ihr werdet euren Verstand bewahren“

"لیکن تم اپنا خیال رکھو گے "

„Du sollst vor den Toren des Palastes deiner Schwester stehen“

"تم اپنی بہن کے محل کے دروازے پر کھڑے رہو گے "

„Das Glück deiner Schwester soll deine Strafe sein“

"تمہاری بہن کی خوشی تمہاری سزا ہو گی "

„Sie werden nicht in Ihren früheren Zustand zurückkehren können“

"آپ اپنی سابقہ ریاستوں میں واپس نہیں جا سکیں گے "

„es sei denn, Sie beide geben Ihre Fehler zu“

"جب تک کہ تم دونوں اپنی غلطیوں کو تسلیم نہ کرو "

„Aber ich sehe voraus, dass ihr immer Statuen bleiben werdet“

"لیکن مجھے اندازہ ہے کہ تم ہمیشہ مجسمے ہی رہو گے "

„Stolz, Zorn, Völlerei und Faulheit werden manchmal besiegt“

"غرور، غصہ، پیٹو، اور سستی کبھی کبھی فتح ہو جاتی ہے "

„aber die Bekehrung neidischer und böswilliger Gemüter sind Wunder“

"لیکن غیرت مند اور بدنیت ذہنوں کی تبدیلی معجزہ ہے"

sofort strich die Fee mit ihrem Zauberstab

فوراً پری نے اپنی چھڑی سے ایک جھٹکا دیا۔

und im nächsten Augenblick waren alle im Saal entrückt

اور ایک ہی لمحے میں ہال میں موجود سب کو منتقل کر دیا گیا۔

Sie waren in die Herrschaftsgebiete des Fürsten eingedrungen

وہ شہزادے کی سلطنت میں چلے گئے تھے۔

die Untertanen des Prinzen empfingen ihn mit Freude

شہزادے کی رعایا نے خوشی سے اس کا استقبال کیا۔

der Priester heiratete die Schöne und das Biest

پادری نے خوبصورتی اور جانور سے شادی کی۔

und er lebte viele Jahre mit ihr

اور وہ کئی سال اس کے ساتھ رہا۔

und ihr Glück war vollkommen

اور ان کی خوشی مکمل تھی

weil ihr Glück auf Tugend beruhte

کیونکہ ان کی خوشی فضیلت پر قائم تھی۔

Das Ende

دی اینڈ

www.tranzlaty.com

www.ingramcontent.com/pod-product-compliance
Lightning Source LLC
Chambersburg PA
CBHW011551070526
44585CB00023B/2543